Diese Lesemaus gehört:
_____

Die besten LESEMAUS-Geschichten für starke Kinder

INHALTSVERZEICHNIS

1 **Finn, der junge Delfin**
Eine Geschichte von Annette Neubauer
mit Bildern von Astrid Vohwinkel

2 **Ein Tag auf der Ritterburg**
Eine Geschichte von Christa Holtei
mit Bildern von Astrid Vohwinkel

3 **Wir machen Sport**
Eine Geschichte von Sandra Ladwig
mit Bildern von Sigrid Leberer

4 **Große Fahrzeuge auf dem Bauernhof**
Eine Geschichte von Monika Wittmann
mit Bildern von Alexander Steffensmeier

5 **Conni und ihr Lieblingspony**
Eine Geschichte von Liane Schneider
mit Bildern von Eva Wenzel-Bürger

Die Jahreszeiten
Eine Geschichte von Imke Rudel
mit Bildern von Anne Ebert

Max lernt Rad fahren
Eine Geschichte von Christian Tielmann
mit Bildern von Sabine Kraushaar

Ich hab einen Freund, der ist Feuerwehrmann
Eine Geschichte von Ralf Butschkow
mit Bildern von Ralf Butschkow

Jule traut sich
Eine Geschichte von Anna Wagenhoff
mit Bildern von Sigrid Leberer

Janko, das kleine Wildpferd
Eine Geschichte von Ria Gersmeier
mit Bildern von Susanne Laschütza

Finn, der junge Delfin

Ein Delfinbaby wird geboren. Das ist Finn. Sofort bringt seine Mutter ihn zum Atmen an die Wasseroberfläche.

Ein anderes Delfinweibchen hilft ihr dabei. Vorsichtig stupsen und schieben sie Finn nach oben. Über Wasser holt das kleine Delfinkalb zum ersten Mal Luft. Obwohl Finn im Meer lebt, ist er kein Fisch! Er gehört zu den Säugetieren, genau wie Hunde, Katzen und Menschen. Bei seiner Geburt ist er schon vollständig entwickelt. Seine Mutter säugt ihn mehrere Monate lang mit Milch.

Finn lebt mit seiner Mutter und vielen weiteren Delfinen zusammen in einer Gruppe.

Der junge Delfin mag es sehr, mit anderen Delfinkälbern und mit seiner Mutter durch das Meer zu gleiten.

Finn atmet nicht mit Kiemen. Genau wie die anderen Delfine schwimmt er regelmäßig an die Wasseroberfläche. Dort holt er Luft, um seine Lungen mit Sauerstoff zu füllen. Dafür öffnet der Delfin das Blasloch auf seinem Kopf.

Wenn Finn über dem Wasser nicht gesehen werden will, steckt er nur den oberen Teil seines Kopfes aus dem Meer. Bevor er wieder untertaucht, schließt er das Blasloch. So dringt kein Wasser ein.

Finn spielt oft mit den anderen Delfinen im Meer. Während die Delfinkälber um die Wette schwimmen und aus dem Wasser springen, werden sie von ihren Müttern beschützt.

Die Delfine verständigen sich miteinander durch Schnattern, Pfeifen, Schnalzen und andere Geräusche. Wenn sich die Delfinjungen freuen oder ärgern, pfeifen sie und stoßen helle Klickgeräusche aus.

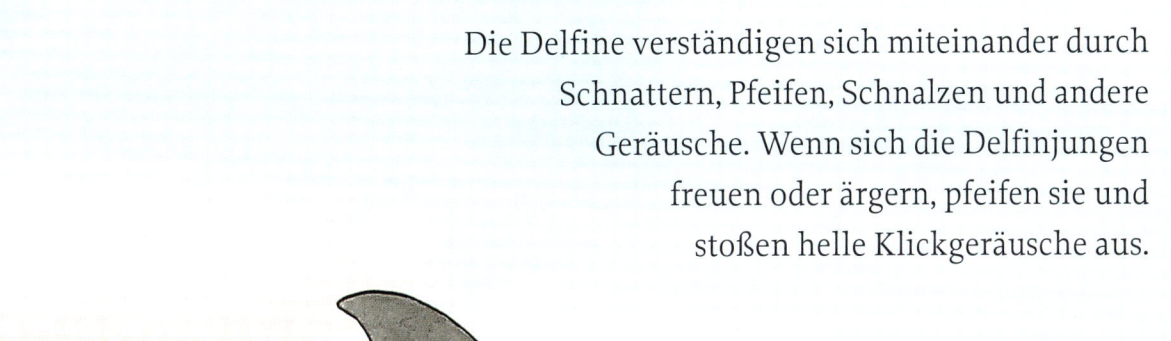

Nachts schläft Finn nicht. Er treibt neben seiner Mutter nahe an der Wasseroberfläche und döst vor sich hin. Ein Teil seines Gehirns bleibt immer wach. Denn Delfine müssen auch nachts auftauchen, um Luft zu holen.

Mit der Zeit wird Finn größer. Er ist jetzt alt genug, um sich selbst von Fischen und Krebsen zu ernähren. Seine Rückenflosse, die Finne, und seine Schwanzflosse, die Fluke, sind ausgewachsen. Finn ist ein neugieriger junger Delfin geworden, der seine Umgebung erkunden will.

Finn macht gern Ausflüge ins
tiefe Meer. Dort herrscht Finsternis
und Finn kann mit seinen Augen
nichts erkennen.
Deswegen erzeugt er ein lautes Klicken und
sendet dadurch Schallwellen durch das Wasser.
Treffen die Schallwellen auf ein Riff oder auf ein Tier,
kommen sie zu Finn zurück. An diesem Echo kann er
seine Umgebung erkennen und weiß immer, wo er ist.

Heute entfernt sich Finn weiter als sonst von seiner Gruppe. Er taucht auf, um zu atmen. Als er den Kopf aus dem Wasser streckt, sieht er ein Boot. Finn beobachtet, was auf dem Boot passiert. Dabei bleibt er mit dem Körper unter Wasser, damit er selbst nicht gesehen wird.

Auf dem Boot spielen zwei Kinder mit einem Ball. Fröhlich wirft der Junge den Ball hoch in die Luft. Da! Der Ball ist ins Wasser gefallen. Finn taucht schnell unter. Als er wieder auftaucht, balanciert er den Ball auf der Schnauze. Er taucht noch einmal. Dann springt er mit einem Satz aus dem Meer und schleudert den Ball in Richtung des Bootes.

Der Ball fliegt direkt auf die Kinder zu. Der Junge und das Mädchen schauen staunend aufs Meer. Da entdecken sie Finn, der zu ihnen zurückblickt, während er auf hohen Wellen reitet. Übermütig lässt Finn sich mit dem Rücken aufs Wasser fallen. Dabei schnattert er laut. Die Kinder winken ihm zu. Finn winkt mit den Flossen zurück und bewegt sich mit schnellen Bewegungen rückwärts. Seine glatte Haut funkelt in der Sonne.

Finn springt ein letztes Mal hoch. Er dreht sich wie ein Kreisel um sich selbst, bevor er wieder mit einem lauten Platsch im Wasser landet. Anmutig gleitet der Delfin zurück zu seiner Gruppe, die schon auf ihn wartet.

Wissenswertes über Delfine

Sind Delfine Fische?

Delfine gehören nicht zu den Fischen, sondern zu den Walen und sind Säugetiere. Sie haben eine Lunge und müssen regelmäßig an die Wasseroberfläche, um zu atmen.

Wie kommen Delfine auf die Welt?

Delfine legen keine Eier, sondern gebären ihre Kinder lebend. Meistens bekommt die Delfinkuh nur ein Junges. Während der Geburt schwimmen andere Delfine um die Mutter herum und wehren Angreifer ab. Ist das Delfinkalb geboren, muss es schnell an die Wasseroberfläche, um die Lungen mit Sauerstoff zu füllen.

Können Delfine sprechen?

Delfine schnattern und geben Pfeif- und Klicklaute von sich. Damit drücken sie Freude und Schmerzen aus oder warnen ihre Artgenossen vor drohender Gefahr.

Wie orientieren sich Delfine unter Wasser?

Delfine erzeugen unter Wasser laute Klickgeräusche und senden dabei Schallwellen aus. Die Schallwellen werden von jedem Gegenstand oder Lebewesen im Wasser zurückgeworfen wie ein Echo. Durch dieses Echo können Delfine ihre Umgebung „abtasten" und Hindernisse im Wasser wahrnehmen, ohne sie zu berühren.

2

Das ist die Burg, auf der Konrad von Tafelberg lebt. Konrad ist sieben Jahre alt. Heute soll auf der Burg seines Vaters ein Turnier stattfinden.

Als Konrad aufwacht, ist im Burghof noch niemand zu sehen. Natürlich! Alle sind in der Kapelle. Bruder Martinus liest jeden Morgen die Messe für die Burgbewohner. Konrad rennt schnell die Treppe hinunter. Sein Vater, Ritter Heinrich, schaut böse, weil Konrad zu spät kommt. Aber nach der Messe gibt Bruder Martinus ihm trotzdem schulfrei. Er will doch auf den Burghof und sich die fremden Ritter ansehen!

Zuerst geht er aber hinunter in die Burgküche zu Odo, dem Leibkoch der Burg. »Nimm dir selbst vom Hirsebrei, Konrad«, sagt der. »Ich hab keine Zeit. Wir müssen für hundert Gäste kochen! Ja, was macht ihr denn da?«, ruft er plötzlich und fuchtelt mit den Armen.

»Es verbrennt doch alles!« Im Herd dreht sich ein ganzes Schwein am Spieß und die Flammen lodern viel zu hoch. In einer Ecke rupfen Mägde Fasanen, Hühner und Gänse. Die Federn stecken sie in einen Sack. Daraus kann man gut Bettdecken machen.

Im Burghof sieht Konrad zu, wie die Knappen der Ritter Lanzenstechen üben. Konrad ist erst Page und lernt gerade Reiten bei seinem Vater und Schreiben und Lesen bei Bruder Martinus. Aber mit vierzehn wird er Knappe bei einem anderen Ritter werden.

Dann übt er auch Lanzenstechen. Man muss ganz schön aufpassen! Wenn man die Stechpuppe nicht richtig trifft, dreht sie sich um sich selbst und man bekommt eine Ohrfeige von ihrem Holzarm! Aber heute geht alles gut. Die Knappen sind zufrieden.

Plötzlich läuft Konrads Vater aufgeregt hinüber zum Schmied. Er rennt sonst nie. »Franz!«, ruft er. »Lass alles stehen und liegen!« Die Spitze seiner Turnierlanze ist abgebrochen. Franz kann sie aber nicht reparieren. »Wie soll ich meinen Gegner aus dem Sattel heben, wenn meine Lieblingslanze kaputt ist?«, schimpft Ritter Heinrich.

Konrad läuft mit seinem Vater zum Bergfried. Da sind die Waffenkammer und die Falltür zum Burgverlies. Im Moment sitzt aber niemand drin. Ritter Heinrich braucht viele Waffen für seine Leute, wenn er für den König in den Krieg zieht. »Hugo, ich brauche eine neue Lanze!«, ruft der Ritter.

Der Waffenschmied holt eine Lanze. »Nehmt diese hier, Ritter Heinrich«, sagt er. »Sie hat das gleiche Gewicht wie die andere.« Konrads Vater setzt das stumpfe Krönlein fest auf die Lanzenspitze. »Ich will schließlich keinen meiner Freunde beim Turnier verletzen«, sagt er zufrieden.

Konrads Mutter Elisabeth und seine Schwester Anna reiten mit den anderen Damen zum Turnierplatz. Sie haben sich schön gemacht. Anna hat auch ihr Hündchen dabei. »Wie alle feinen Damen!«, sagt sie und reckt die Nase in die Luft. Die Damen stecken die Hündchen sogar in ihren Ärmel und nehmen sie mit in die Kirche! Bruder Martinus kann das gar nicht leiden. Und Konrad mag die großen Jagdhunde lieber. Er nennt Annas Hund nur ›die Ratte‹.

Auf dem Turnierplatz sind schon alle versammelt. Die Damen sitzen auf der Tribüne. Der Herold verkündet die Namen der Turnierteilnehmer. Die Knappen helfen ihren Rittern wegen der schweren Rüstung auf die Pferde. Konrads ältester Bruder Friedrich ist auch dabei. Er ist zu Ostern mit 21 Jahren zum Ritter geschlagen worden. Anna steckt einem Ritter mit einem Adler im Wappen ein Tüchlein auf die Lanzenspitze.

Jetzt kämpft er nur für sie! Zwei Ritter haben sich aufgestellt. Sie klemmen die lange Lanze unter den Arm, reiten aufeinander zu und versuchen sich gegenseitig aus dem Sattel zu heben. Wenn einer der Ritter am Boden liegt, hat er verloren.

Der Ritter mit dem Adler im Wappen hat seinen letzten Gegner besiegt. Ausgerechnet Friedrich hat er aus dem Sattel gehoben!
Anna wird rot, als sie dem Adlerritter seinen Turnierpreis überreicht. Es ist ein Pokal aus Gold. Friedrich nimmt den Helm ab und sieht lächelnd zu. Er ist ein guter Verlierer – und wirklich ein echter Ritter!

Konrad läuft hinüber zu den Knappen. Sie veranstalten mit den Bauern ihr eigenes Turnier im Steinschleudern. Konrad darf es auch einmal versuchen. Aber der Stein ist ihm zu schwer.

Er lässt ihn schnell wieder fallen. Der Sieger bekommt einen Silberbecher und der Verlierer ein lebendiges Schwein als Trostpreis. Da hat er richtig ›Schwein gehabt‹!

Abends sitzen alle sehr hungrig im Festsaal. Endlich geben die Fanfarenbläser das Zeichen zum Beginn des Festmahls. Konrad häuft sich Hähnchenkeulen, süßen Erbsenbrei und Backpflaumen auf seinen Brotfladen und schiebt sich schnell noch ein Stück Gemüsepastete in den Mund. Seine Mutter schüttelt den Kopf. Man nimmt sich nicht alles auf einmal und stopft sich den Mund nicht so voll. Aber Odo hat doch so gut gekocht!

Es ist ein schönes Fest mit Jongleuren, Akrobaten und sogar einem Bärenführer. Noch lange erklingt die Musik aus dem Festsaal. Die Erwachsenen tanzen bis zum frühen Morgen. Auch Konrad liegt erst spät in der Nacht im Bett. Zufrieden schläft er ein und träumt davon, auch ein berühmter Ritter in einer glänzenden Rüstung zu sein.

Und so eine Rüstung wird Konrad tragen, wenn er zum Ritter geschlagen wird. Viele Dinge, die ein Ritter braucht, findest du auch in diesem Buch. Hast du sie schon entdeckt?

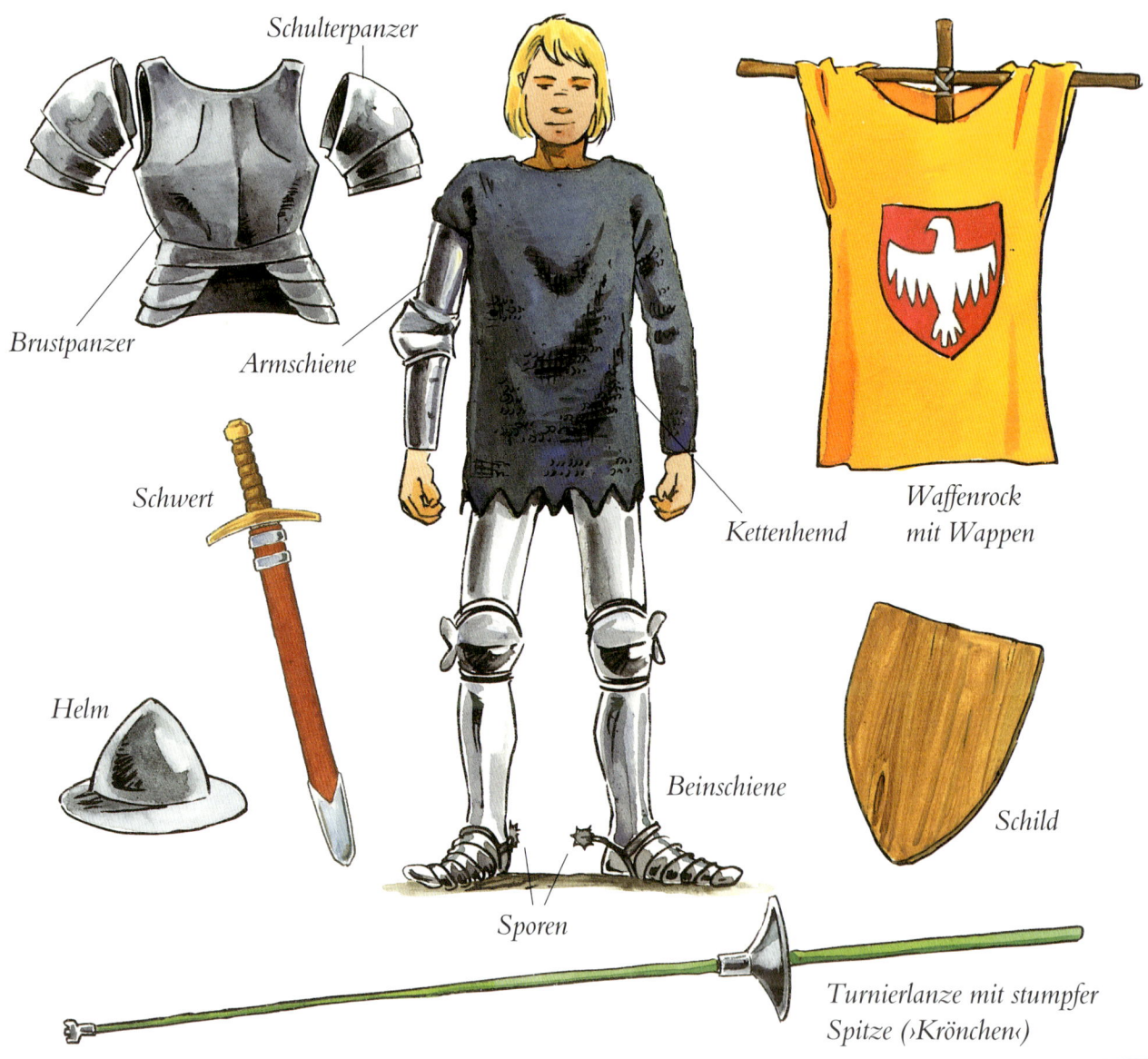

Im Kindergarten ist Sportwoche. Die Erzieherinnen haben verschiedene Stationen im Hof und im Turnraum aufgebaut. Jeden Tag können die Kinder ausprobieren, was ihnen Spaß macht. Am Ende der Woche soll eine Kinder-Olympiade stattfinden. Darauf freuen sich schon alle. Jedes Kind hat ein Foto mitgebracht, das es bei seiner Lieblingssportart zeigt. Die Erzieherin Tina hängt die Fotos auf. Sofort fangen alle an zu erzählen, was sie machen.
„Moment, nicht alle durcheinander", lacht Tina. „Am besten erzählt einer nach dem anderen."

Paula geht jeden Mittwoch zum Kinderturnen. Früher war Mama noch dabei, aber jetzt bleibt Paula schon alleine in der Turnhalle.
Die Turnlehrerin baut Stationen aus verschiedenen Geräten auf. Nacheinander laufen die Kinder über Bänke, schwingen an Seilen und klettern über Kästen. Am besten gefallen Paula das kleine Trampolin und die dicken Matten, auf denen man Purzelbäume machen kann.

Manchmal schaut Paula auch den größeren Kindern zu. Sie balancieren auf dem Schwebebalken oder springen über einen Bock. Andere machen Handstand und schlagen Räder am Boden.

Anton spielt Fußball in einem Verein. Er ist in der Mannschaft mit den jüngsten Spielern. „Wir sind die Minis", erzählt Anton stolz.
Auf dem Fußballplatz steckt der Trainer ein kleines Feld ab. Das gesamte Fußballfeld ist noch zu groß für Anton und seine Freunde. Bei den Minis hat jede Mannschaft auch nur sechs Spieler statt elf.
„Aber wir üben schon die gleichen Sachen wie die Großen", erklärt Anton.

Zum Geburtstag hat Anton eine richtige Fußballausrüstung bekommen: Ein T-Shirt und eine Hose in den Farben seiner Lieblingsmannschaft, Schienbeinschützer und Fußballschuhe mit Stollen.

Fine erzählt, dass sie zum Ballettunterricht geht. Die Ballettlehrerin zeigt ihnen zuerst Übungen an der Stange. Danach tanzen sie in der Mitte des Raums zu schöner Ballettmusik.

Bald hat Fine ihren ersten Auftritt. Die ganze Ballettschule führt ein Märchen auf. Mit den anderen Mädchen aus ihrer Gruppe tanzt Fine den Tanz der Feen. Dann wird sie ein weißes Tutu tragen.

„Wenn ich groß bin, darf ich auch Spitzenschuhe anziehen", sagt Fine. „Aber das dauert noch lange. Und bis dahin muss ich noch viel üben."

Mattis kommt bald in die Schule. Er hat vor kurzem mit Judo-Unterricht begonnen. Von seinem großen Bruder Leon hat Mattis den alten Judoanzug mit dem weißen Gürtel bekommen. Leon ist schon sieben Jahre alt. Er hat gerade die Prüfung für den nächsten Gürtel, den weiß-gelben, bestanden. Mit ihrem Judotrainer und den anderen Schülern treffen sich Mattis und Leon im Dojo. So nennt man den Übungsraum.

Dort lernen sie, wie man sich fallen lässt und wie man den Gegner auf den Boden wirft. Beim Judo geht es darum, dass man fair miteinander kämpft, ohne sich wehzutun. „Gerade üben wir O-goshi, das ist ein Wurf über die Schulter", erzählt Mattis.

Julia geht mit ihrer Freundin Anna zum Kinderyoga. „Yoga kommt aus Indien", erklärt Julia. „Deshalb gibt es da auch so viele komische Wörter. Aber eins habe ich mir gemerkt: Namasté. Das sagen wir immer zur Begrüßung."
Nach der Begrüßung erzählt die Yogalehrerin den Kindern eine Geschichte. Die verschiedenen Gegenstände und Tiere, die darin vorkommen, stellen die Kinder dann dar.
„Es gibt die Katze, den Baum, den Schmetterling und noch viele andere Sachen", erzählt Julia.
„Am liebsten mag ich die Traumreise zum Schluss", sagt sie und kichert: „Letztes Mal ist Anna dabei sogar eingeschlafen."

Bald fährt Niklas mit seinen Eltern in Urlaub. „Dort möchte ich im Meer schwimmen. Deshalb mache ich einen Schwimmkurs", erzählt er.
Der Schwimmlehrer zeigt Niklas, wie er Arme und Beine beim Brustschwimmen bewegen muss. Ein bisschen sieht das aus wie ein Frosch, findet Niklas. Wichtig ist auch das gleichmäßige Ein- und Ausatmen. Das ist gar nicht so einfach.
Am Ende des Schwimmkurses möchte Niklas das Seepferdchen-Abzeichen machen. Dafür muss er eine ganze Bahn alleine schwimmen, einmal vom Beckenrand springen und nach einem Ring tauchen.

„Heute gehe ich mit Mama in den Reitstall", erzählt Ronja.
„Mein Lieblingspony heißt Moritz. Bevor ich auf ihm reite,
müssen wir es gründlich putzen."
Danach legt Mama die Satteldecke und den Sattel auf.
Ronja zieht ihren Reithelm an und schon geht es los.
„Wenn ich älter bin, darf ich auch auf einem großen Pferd reiten",
sagt sie. Die großen Mädchen üben Dressurreiten, andere haben
Springunterricht. Ronja möchte am liebsten voltigieren lernen.
„Das ist wie Turnen auf einem Pferd", erklärt sie.

Jona erzählt, dass er sich auf die Zeit nach Weihnachten freut, wenn er mit seinen Eltern in die Berge zum Skifahren fährt. Mama packt Jonas Skianzug, seine dicken Handschuhe, eine Skibrille und einen Helm ein.
Die Skier, Skischuhe und Stöcke leihen Jonas Eltern in der Skischule aus. Hier hat Jona im letzten Jahr auch das Skifahren gelernt. Die Skilehrerin hat Jona und den anderen Kindern beigebracht, wie man bremst, Kurven fährt und den Lift benutzt.

„Am Ende des Skikurses gab es sogar ein Rennen. Und das habe ich gewonnen", erzählt Jona stolz.

Nach dem Kindergarten treffen sich Emil und Natalia oft in der kleinen Straße, in der sie wohnen. In der Sackgasse fahren nur selten Autos. Deshalb haben sie genug Platz, um Hindernisse aufzubauen und mit ihren Fahrrädern Kurven zu üben. Natalia zeigt Emil stolz ihren neuen Helm, den sie von Oma und Opa bekommen hat.

Wenn Emil groß ist, möchte er auch so ein tolles Rad haben wie sein Papa. Der fährt richtige Radrennen. Das Rennrad von Papa hat einen speziellen Lenker und ganz dünne Reifen.

Zum Abschluss der Sportwoche findet heute die Kinder-Olympiade statt. Die Eltern von Niklas, Paula, Mattis und den anderen Kindern sind gekommen, um das Sportfest zu feiern.
„Mama, ich kann balancieren", ruft Fine und läuft mit ausgestreckten Armen über eine Bank.
Jona und Mattis versuchen mit Bällen Dosen abzuwerfen,
die auf einem Tisch aufgebaut sind.

Daneben steht eine Stuhlreihe. Ronja klettert immer abwechselnd unter einem Stuhl durch und beim nächsten darüber.
„Du hast einen ganz roten Kopf", lacht Paula, als Ronja schnaufend am Ende ankommt.

An jeder Station bekommen die Kinder einen Stempel in ihren Olympiade-Pass.
„Ein Stempel fehlt mir", sagt Jona traurig. Er wollte nicht über die Bank balancieren.
„Das macht nichts", tröstet ihn Tina. „Nächstes Mal traust du dich bestimmt.
Und dafür hast du heute super die Dosen abgeworfen."
Jedes Kind bekommt eine Urkunde und eine Medaille. Und als Tina ein Foto macht,
strahlt Jona schon wieder mit den anderen Kindern um die Wette.

Große Fahrzeuge auf dem Bauernhof

Wenn Tim aufwacht, hat er nur eines im Kopf: Er will zu Onkel Georg auf den Bauernhof. Da ist immer was los. Tim holt gern die Eier aus dem Hühnerstall oder füttert die Kühe. Aber am besten findet er die vielen großen Maschinen. Onkel Georg hat verschiedene Schlepper und Geräte, die ihm bei der Arbeit helfen.

Der Frontlader hebt schwere Lasten, der Pflug gräbt die Erde um, der Kreiselmäher schneidet Gras. Manche Maschinen braucht Onkel Georg fast jeden Tag, andere nur selten. Der Mähdrescher steht fast das ganze Jahr im Fahrzeugschuppen.

Der große Traktor ist stark: Er hat 100 PS und fährt 40 Kilometer pro Stunde. Mit den kleinen Vorderrädern schafft er die engsten Kurven. Und für die großen Hinterreifen ist kein Feldweg zu holprig.
Solange im Januar und Februar die Erde gefroren ist, gibt es auf den Feldern wenig zu tun. Dann kümmert sich Onkel Georg um seine Maschinen. Er zieht lose Schrauben fest, wechselt die Reifen oder ölt ein quietschendes Lager. Wenn der Frühling kommt, muss alles fertig sein.

Als es noch keine Maschinen gab, war das Leben auf dem Bauernhof sehr schwer. Vater, Mutter, Kinder und sogar die Tiere mussten bei der Arbeit helfen. Zum Pflügen spannte der Bauer seine Ochsen an.

Heute hängt Onkel Georg den schweren Eisenpflug einfach hinten an den Traktor. Die spitzen Schaufelblätter bohren sich in die Erde und ziehen tiefe Furchen. Das macht den Boden schön locker. So können Weizen, Mais und Kartoffeln gut wachsen.

Onkel Georg lacht vom Fahrersitz des Traktors herunter: „Na, willst du mal?"
Und ob! Tim darf sich auf seinen Schoß setzen und das Lenkrad halten.

Plötzlich rümpft Tim die Nase. Was riecht denn da wie ein Plumpsklo für Kühe? Ach so, der Güllewagen. Er ist randvoll mit Kuhfladen und Urin. Diese Mischung wird jetzt auf die Felder gespritzt. Für den Mais ist die Brühe gut: Er wird davon groß und stark.

Im März sät Onkel Georg den Weizen aus. Tim darf die Körner in die Sämaschine schütten. Ruhig tuckert der Traktor über das Feld. Aus vielen kleinen Löchern fallen die Samen auf den Boden.

Nach einer Woche spitzen winzige grüne Keime aus der Erde.
Jetzt brauchen sie gutes Wetter: Mal Sonne, mal Regen –
so mögen es die Pflanzen am liebsten.

Kartoffeln wachsen unter der Erde. Jede Knolle hat lange Triebe, an denen die kleinen, neuen Kartöffelchen hängen. Im April werden die Mutterkartoffeln gesetzt. Zu Hause im Garten macht Tim das mit der Schaufel.

Schneller geht es mit der Pflanzmaschine. Die gräbt eine Rille und lässt eine Knolle nach der anderen hineinplumpsen. Dann deckt sie alles wieder gut mit Erde zu.

Im August ist Erntezeit für den Weizen. Staunend sieht Tim zu, wie der Mähdrescher die goldgelben Halme in sein großes Maul stopft. Hinten fällt das leere Stroh zu Boden.

In der Maschine drehen sich mehrere Trommeln und schütteln den Weizen aus der Schale. Die Körner fördert der lange Giraffenhals auf einen Anhänger. Die werden zur Mühle gebracht. Dort wird das Getreide zu Mehl gemahlen. In Tüten verpackt kann man es im Supermarkt kaufen und Brot daraus backen.

Jetzt zieht Onkel Georg die Rundballenpresse über das Stoppelfeld. Sie nimmt das herumliegende Stroh auf und presst daraus riesige Rollen. Ein Ballen wiegt ungefähr so viel wie die elf Jungs in Tims Fußballmannschaft. Für den Frontlader ist das kein Problem: Mühelos hebt er die schweren Bündel hoch und stapelt sie auf den Anhänger. Das gibt ein schönes, weiches Bett für Kühe, Schweine, Hühner und für Tims Hasen Schnuffel.

Kühe sind Wiederkäuer. Sie mampfen den ganzen Tag, als hätten sie einen großen Kaugummi im Mund. Gern mögen sie Heu, also trockenes Gras. Für diese Woche hat der Wetterbericht Sonne angesagt. Genau das richtige Wetter zum Heumachen.
Onkel Georg schneidet die Wiese mit dem Kreiselmäher. Dann muss das Gras trocknen. Der Heuwender hat lange Zinken, mit denen er das Gras durcheinanderwirbelt. So kommt viel Luft daran.

Nach ein paar Tagen ist es so weit:
Die Halme duften und knistern leise,
wenn man sie umdreht.
Die Heuballenpresse macht Pakete
aus dem Heu. So lässt es sich gut
in der Scheune stapeln.
Einen Ballen bringt Onkel Georg zu
Tim nach Hause. Da kann Schnuffel
lange dran knabbern!

Tim mag gern Popcorn. Das macht man aus getrocknetem Mais. Die goldbraunen Körner werden so lange heiß gemacht, bis sie aufplatzen und sich in leckere weiße Wölkchen verwandeln. Kühe fressen auch Mais. Sie bekommen eine Art Müsli aus den fein gepressten gelben Kolben und den grünen Blättern. Ende September sind die hohen Stängel ausgewachsen. Wie ein hungriges Tier schiebt sich der Maishäcksler über das Feld. Schon hat er alle Pflanzen kurz und klein gebissen und spuckt sie auf den Kipper.

Das Jahr ist fast vorbei. Das Kartoffelkraut wird braun und dürr. Jetzt sind die Knollen unter der Erde reif. Im Oktober leiht sich Onkel Georg den großen Vollernter vom Nachbarn. Der macht alles automatisch: Kartoffeln ausgraben, das Kraut trennen, Erdbrocken zu Boden schütteln. Tim passt auf, dass keine Steine auf das Förderband rutschen. Zum Schluss kommt das Schönste: ein Lagerfeuer. Frisch aus der Glut schmecken die Kartoffeln am besten!

Im November hat Tim Geburtstag. Er bekommt einen Anhänger für seinen Traktor geschenkt! Tim lädt gleich eine Fuhre Heu auf. Schnuffel soll auch etwas zu feiern haben.

Conni und ihr Lieblingspony

Conni sucht gerade ihre Reitsachen zusammen. Reithose, Reitstiefel und Reitgerte liegen schon bereit. Aber wo ist bloß die Reitkappe? Da klingelt es an der Tür. Connis Freundin Anna kommt heute mit zum Reiten. Conni hat ihr schon so viel von Flecki vorgeschwärmt. So heißt das Pony, auf dem Conni reiten lernt.
Endlich findet Conni die Kappe im Korb von Kater Mau. Sie setzt sie auf Annas Kopf. „Die ist ja so hart wie mein Fahrradhelm", staunt Anna. Und genauso schützt sie den Kopf, wenn man mal fällt.

Mama fährt Conni und Anna zum Reitstall. „Darf Anna heute zugucken?", fragt Conni ihre Reitlehrerin Silke. „Bitte! Ich will ihr den Stall zeigen. Und Flecki! Und die ganzen Ponys! Und die Pferde auf den Weiden! Und das Reiten!" Silke lacht und sagt ja.

Conni zeigt Anna zuerst den Stall. Dort riecht es süß nach Heu und Stroh, aber auch nach Pferden und Pferdemist. Die Ponys stehen in ihren Boxen und gucken über die halbhohen Holztüren. Flecki schnaubt erfreut, als sie Conni sieht. Anna darf die Stute streicheln. Über der Nase ist das Fell ganz weich.

Silke verteilt Apfel- und Möhrenstücke. Anna traut sich zuerst nicht, Flecki zu füttern. Conni zeigt ihr, wie sie die Apfelstücke auf der flachen Hand halten soll. Ganz vorsichtig nimmt Flecki das Obst und Gemüse. Sie beißt gar nicht. Es kitzelt nur ein bisschen auf der Hand. Aber von hinten knabbert plötzlich jemand an Annas Pullover. Es ist Bella. Sie will auch etwas fressen.

Conni führt Flecki an einem Strick auf den Putzplatz. Sie bürstet Fleckis Fell und kratzt mit dem Hufkratzer die Hufe aus. Danach schleppen Conni und Anna den Sattel aus der Sattelkammer. Zusammen legen sie die Satteldecke auf den Rücken der Stute und streichen sie schön glatt. Silke hilft, den Sattel darüber zu legen. Beim Festgurten des Sattels macht Flecki sich ganz dick. Deshalb muss Conni den Gurt später noch einmal festziehen, damit der Sattel nicht rutscht. Conni nimmt Flecki das Halfter ab und streift ihr das Zaumzeug über.

In der Reithalle reiten Conni und die
anderen Kinder ein paar Runden im Schritt,
im Trab und im Galopp. Später legt Silke einige Stangen aus.
Die Ponys sollen darüberlaufen. Das ist eine Vorübung zum Springen.
Am Ende der Reitstunde darf Anna auch mal auf Flecki sitzen. „Stell dir
vor, du bist eine Prinzessin", sagt Silke. Und schon sitzt Anna richtig:
Kopf hoch, Rücken gerade.

Es dauert nicht lange, dann hat auch Anna ihre erste Reitstunde.
Und sie darf auch auf Flecki reiten! Anna ist glücklich. Conni nicht.
Sie hat irgendwie gedacht, dass nur sie auf Flecki reiten darf.
Sie kann gar nicht glauben, dass das Pony Anna auch lieb begrüßt.

Conni ist ein bisschen sauer auf Anna. Und auf Flecki auch! Sie mag gar nichts davon hören, wenn Anna jetzt immer vom Reiten und von Flecki schwärmt. Hätte sie Anna bloß nie mit zum Reiten genommen.

Einige Zeit später erzählt Silke vom großen Reitfest. Natürlich wollen Conni und Anna dort zeigen, was sie können. Doch wer reitet Flecki? Conni wird ganz bestimmt kein anderes Pony reiten.
Böse schaut sie Anna an.

Da kommt Silke aus dem Stall. Hinter sich führt sie ein braunes Pony mit einer goldblonden Mähne. Anna verliebt sich sofort in das wunderschöne Pony. Doch Silke sagt zu Conni: „Ich dachte, dass du auf Rapunzel reitest." Conni schüttelt energisch den Kopf. Da ruft Anna: „Ich reite auf Rapunzel!" Mit strahlenden Augen streichelt sie das Pony. Conni ist erleichtert.

Die Übungsstunden beginnen. Zuerst lernen sie in der Abteilung in immer gleichem Abstand hintereinanderzureiten. Sie reiten im Kreis, in Schlangenlinien und in Zweierreihen. Aber nicht immer wollen die Ponys das Gleiche wie die Kinder. Connis Flecki will nicht neben Lisas Janka reiten. Rapunzel will nicht als Erste in der Abteilung gehen. Aber mit jeder Übungsstunde klappt es besser.

Conni und Anna haben jetzt kein anderes Thema mehr als das Reitfest. Zu Hause spielen sie alles mit ihren Stoffponys nach. Wieder und wieder müssen die Kuscheltiere die Figuren üben.

Endlich ist der große Tag da. Conni und Anna sind mit ihren Eltern auf dem Reitfest. Und mit Jakob natürlich. Der Reitplatz, der Stall und die Weidezäune sind mit Wimpeln und Fähnchen geschmückt. In einem Heuhaufen kann man kleine Geschenke suchen. An einem Stand werden Würstchen und Getränke verkauft. Conni und Anna laufen über das Gelände und sehen sich erst einmal alles an.

Kurz vor der Vorführung holen sie Flecki und Rapunzel aus dem Stall. Sie bürsten das Fell ihrer Ponys und kämmen die Mähnen. Den schönen Schweif von Rapunzel kämmt Anna besonders gründlich. Jetzt müssen sie die Ponys noch satteln. Silke prüft, ob alles gut sitzt und perfekt aussieht.

Endlich ist es so weit. Hintereinander reiten die Kinder auf den Platz. Silke verkündet die Namen der Ponys und ihrer Reiter. Musik erklingt und schon geht es los. Zuerst reiten sie einige Runden hintereinander in verschiedenen Gangarten. Zu zweit reiten sie in der Mitte der Bahn und biegen dann abwechselnd nach rechts und links ab. Flecki macht alles brav mit, Rapunzel auch.

Zum Schluss stellen sich die Reiter und ihre Ponys in einer Reihe auf. Mit dem Kopf zum Publikum. Nur Rapunzel zeigt lieber ihren Po mit dem schön gebürsteten Schweif. Die Zuschauer klatschen und lachen. „Gut gemacht", lobt Silke vom Rand. Aber Anna bekommt einen ganz roten Kopf. „Ist doch nicht schlimm", tröstet Conni.

Conni und Anna bringen ihre Ponys zurück in den Stall und schauen sich noch die anderen Vorführungen an. Papa spendiert Brause und Bratwurst. Später kaufen sie sich an einem Stand mit Lederwaren geflochtene Freundschaftsbänder. So kann jeder sofort sehen, dass sie die besten Freundinnen sind.

Schon ist das Fest zu Ende, Conni und Anna laufen noch einmal zum Stall. Sie müssen sich doch von ihren Ponys verabschieden. Anna klopft Rapunzel den Hals. „Bis bald", sagt sie. Flecki reibt ihren Kopf an Conni. „Du bist das allerbeste Pony", flüstert Conni. Flecki schnaubt zufrieden.

Greta und David sitzen mit Mama im Garten. Die Sonne scheint und alle genießen den ersten warmen Tag nach dem Winter.
„Gestern war es noch ganz kalt", meint Greta.
„Aber nun steht der Frühling vor der Tür", sagt Mama.
„Vor welcher Tür steht er denn?", fragt David verwundert.
„Das sagt man nur so, wenn die nächste Jahreszeit beginnt", erklärt Mama.

DIE VIER JAHRESZEITEN

Bei uns gibt es vier verschiedene Jahreszeiten: Frühling, Sommer, Herbst und Winter wechseln sich im Lauf eines Jahres ab. Für das Leben von Pflanzen und Tieren sind die Jahreszeiten sehr wichtig. Aber auch in unserem Leben spielen sie eine große Rolle. Jede Jahreszeit hat ihre ganz besonderen Ereignisse.

„Warum gibt es verschiedene Jahreszeiten?", fragt David. „Das hängt damit zusammen, dass unsere Erde in einem Jahr einmal um die Sonne wandert", erklärt Mama. „Weil die Erde dabei schräg zur Sonne steht, bekommen wir in manchen Monaten besonders viele und starke Sonnenstrahlen ab. Dann haben wir Sommer. In anderen Monaten scheint die Sonne bei uns nur wenige Stunden am Tag. Dadurch ist es dann kälter und bei uns herrscht Winter."

WIE ENTSTEHEN DIE JAHRESZEITEN?

Wir bekommen auf der Erde Licht und Wärme von der Sonne. Die Erde braucht ein ganzes Jahr, um einmal um die Sonne zu kreisen. Weil sie dabei leicht zur Seite geneigt ist, treffen die Sonnenstrahlen im Jahresablauf unterschiedlich auf der Erde auf und wärmen den Boden mal stärker und mal schwächer.
Im Winter geht die Sonne spät auf und früh unter. Ihre Strahlen fallen flacher auf den Boden. Sie haben dadurch weniger Kraft und es ist kälter als im Sommer. Wenn die Erde weiter um die Sonne wandert, bescheinen uns ihre Strahlen täglich länger und die Strahlen fallen steiler auf den Boden. Sie haben dann mehr Kraft und es wird langsam wärmer. So entstehen die Jahreszeiten Winter, Frühling, Sommer und Herbst.

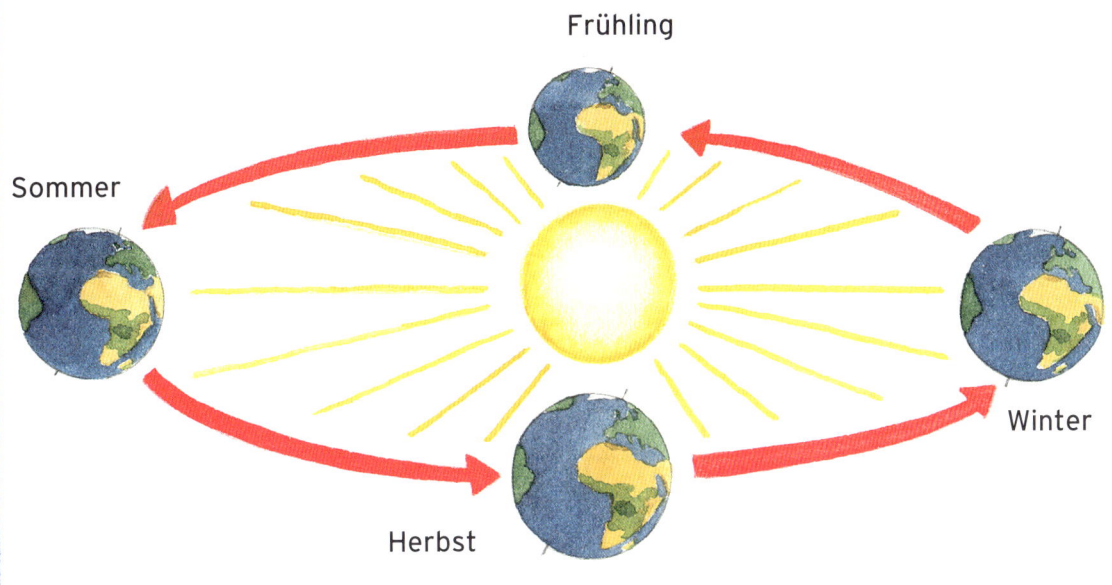

„An unserem Apfelbaum sind die verschiedenen Jahreszeiten besonders schön zu erkennen", sagt Mama.

Im **Frühling** bleibt es länger hell und es wird wärmer. Der Apfelbaum bekommt Blüten und Blätter.

Der **Sommer** ist die wärmste Jahreszeit. Die Früchte am Apfelbaum wachsen und werden reif.

Im **Herbst** wird es langsam wieder kälter und dunkler. Der Apfelbaum wirft seine Blätter ab.

Im **Winter** sind die Tage kurz. Manchmal ist es draußen bitterkalt. Der Apfelbaum hat kahle Zweige.

Im Frühling wacht die Natur aus ihrem Winterschlaf auf. Die Bäume und Pflanzen bekommen wieder Blätter und Blüten. Die Bienen sammeln eifrig Nektar und Blütenstaub. Auch der Osterhase war fleißig.
„Ich habe etwas gefunden!", jubelt David. Unter einem blühenden Busch hat er ein dickes Osterei entdeckt.

DER FRÜHLING

Im März beginnt der Frühling. Jeden Tag bleibt es ein bisschen länger hell, denn die Sonne geht täglich etwas früher auf und ein wenig später unter.
Im Frühling kann es noch Eis und Schnee geben, aber jeden Monat wird es wärmer.

David und Greta helfen Mama dabei, junge Pflanzen in die Beete zu setzen. David darf mit seiner Schaufel kleine Löcher ausheben.
Über ihnen zwitschert ein Vogel im Apfelbaum.
„Aaaalle Vögel sind schohon da!", singt Greta laut.
„Das ist ein richtiges Frühlingslied", lacht Mama.
„Im Frühling kommen die Zugvögel zurück. Alle Vögel bauen Nester und legen Eier."

TIERE UND PFLANZEN IM FRÜHLING

Der Frühling ist eine besonders wichtige Jahreszeit für Tiere und Pflanzen. Die meisten Tiere bekommen jetzt ihren Nachwuchs und viele Pflanzen blühen. Die Blüten der Obstbäume und Sträucher müssen im Frühjahr von Bienen und anderen Tieren befruchtet werden. Nur aus einer befruchteten Blüte kann sich langsam eine Frucht bilden.

DER SOMMER

Der Sommer beginnt im Juni. Nun treffen die Sonnenstrahlen fast senkrecht auf die Erde. Dadurch haben sie besonders viel Kraft. Der Sommer ist deshalb auch die wärmste Jahreszeit.

„Puh, ist das heiß", stöhnt Greta und wischt sich den Schweiß von der Stirn. Es ist ein herrlicher Sommertag. Keine Wolke steht am Himmel und es weht nicht der kleinste Windhauch.
„Das war toll!", strahlt David. Er kommt tropfend aus dem Wasser. Mama rubbelt ihn trocken. Hinterher schmiert sie ihn dick mit Sonnencreme ein.
„Damit du dir keinen Sonnenbrand holst. Im Sommer steht die Sonne hoch am Himmel und ihre Strahlen sind besonders stark!", erklärt Mama.

„Lecker!" Greta erntet Himbeeren. Zwischendurch nascht sie tüchtig.
„Lass ein paar Beeren übrig!", ruft Mama lachend aus dem Gemüsebeet,
wo sie junge Möhren aus der Erde zieht. „Wir wollen noch Gelee kochen."
David pflückt Blumen für einen bunten Strauß. Er freut sich schon
auf einen saftigen Möhrenkuchen.

Im Sommer reifen die meisten Früchte und Gemüse. Die Bauern haben auf ihren Feldern viel zu tun. In dieser Jahreszeit gibt es genügend Nahrung für Menschen und Tiere.

Tomaten

Rosen

Dahlien

Margeriten

DER HERBST

Im September beginnt der Herbst. Nun geht die Sonne jeden Tag ein bisschen früher unter und es wird kälter. Die Pflanzen spüren das deutlich und verändern sich: Einige Pflanzen trocknen ein und werden ganz braun. Die Blätter an Bäumen und Sträuchern werden gelb und rot und fallen schließlich ganz zu Boden.

„Juhu, heute ist Drachenwetter!", jubelt David.
Es ist Herbst geworden. Der Wind pustet kräftig.
Greta und David haben sich warm angezogen.
Sie können endlich ihre Drachen steigen lassen.
„Meiner ist schon fast in den Wolken!", ruft Greta.
Plötzlich hören die beiden ein Schnattern in der Luft.
Eine Gruppe von Wildgänsen zieht vorbei.
Sie fliegen in den warmen Süden.
„Die fliegen ja alle genau hintereinander", staunt David.
„Es sieht aus wie ein riesiger Pfeil", findet Greta.

„Im Herbst ist die beste Pilzzeit", sagt Mama und geht mit Greta und David in den Wald.
„Für mich ist Kastanienzeit", sagt David.
Er möchte Tiere aus Kastanien und Eicheln basteln.
„Und für mich ist Blätterzeit", ruft Greta und läuft mitten durch einen dicken Blätterhaufen.
Plötzlich bleibt sie ganz still stehen. Sie hat ein Eichhörnchen entdeckt. Es sammelt gerade Nüsse für seinen Wintervorrat.

WAS MACHEN DIE TIERE IM HERBST?

Im Herbst haben die meisten Tiere viel zu tun: Wer Winterschlaf hält, wie zum Beispiel der Igel, muss sich eine dicke Speckschicht anfuttern. Andere Tiere sammeln Vorräte für die kalte Jahreszeit. Das Eichhörnchen vergräbt Eicheln, Nüsse und andere Samen an verschiedenen Orten. Manche Verstecke vergisst es wieder. Dort wachsen im nächsten Jahr neue Bäume.

„Der Winter ist meine liebste Jahreszeit", sagt David.
Zu Weihnachten hat er einen neuen Schlitten bekommen.
In den letzten Tagen ist so viel Schnee gefallen, dass er
ihn endlich ausprobieren kann.
Greta muss ihre neuen Schlittschuhe zu Hause lassen,
denn das Eis auf dem Teich ist noch nicht dick genug.
Aber bei dem tollen Schnee macht ihr das gar nichts aus.
Sie baut eine dicke Schneefrau mit Möhrennase.
„Schade, dass es bei uns so selten schneit", bedauert Greta.
„Opa hat erzählt, dass es früher viel mehr Schnee gab."

DER WINTER

Im Dezember beginnt der Winter, die kälteste Jahreszeit. Wenn es draußen sehr kalt geworden ist, kann das Wasser in Pfützen und kleinen Gewässern zu Eis gefrieren. Auch die Wassertropfen in den Wolken können gefrieren und fallen dann als Schnee oder Hagel vom Himmel. Mit dem Winter beginnt und endet unser Jahr.

WAS PASSIERT IM WINTER?

Wir Menschen können uns nicht einfach ein wärmeres Fell wachsen lassen, wenn es kalt wird. Wir ziehen uns warm an, zum Beispiel mit einer Daunenjacke. Die Luft zwischen den einzelnen Federn hält die Wärme unseres Körpers ganz besonders gut. Aus diesem Grund plustern die Vögel auch ihr Gefieder auf. Andere Tiere richten ihr Haarkleid auf, und so etwas Ähnliches passiert auch bei uns, wenn wir frieren: Wir bekommen eine Gänsehaut.

„Wenn es kalt ist, können wir uns warm anziehen und die Heizung anmachen", sagt Mama. „Aber für die Tiere ist der Winter die härteste Jahreszeit. Sie haben es schwer, Nahrung zu finden. Die meisten Bäume und Pflanzen haben ihre Blätter abgeworfen und es gibt keine Früchte mehr. Manchen Tieren wächst ein dickes Winterfell. Die Vögel plustern ihre Federn auf und Fische verfallen in eine Kältestarre. Alle warten auf den Frühling."

Frühling, Sommer, Herbst und Winter sind gekommen und wieder gegangen. Greta und David malen Bilder davon, was ihnen in jeder Jahreszeit am besten gefallen hat.
Und welche Jahreszeit magst du am liebsten?

Max lernt Rad fahren

Max klingelt wie verrückt und ruft: „Achtung, klar zum Start! Drei, zwei, eins, null – Rakete los!" Dann saust er mit seinem Laufrad über den Hof. „Du willst eine Rakete sein?", fragt sein großer Bruder Felix. „Ich zeig dir mal, wie schnell eine echte Rakete fliegt!" Felix ist mit seinem Fahrrad wirklich viel schneller als Max mit seinem Laufrad.
Auch Max' allerbeste Freundin Pauline kann schon Fahrrad fahren.
„Ich brauche ein Fahrrad", murmelt Max.

In der Garage findet Max das alte Fahrrad von Felix. „Kann ich das haben?", fragt er seinen großen Bruder. Felix lacht. „Klar, den Schrotthaufen schenk ich dir! Aber ich glaube nicht, dass du damit noch fahren kannst!"
Auch Pauline guckt sich das Fahrrad genau an. „In den Reifen fehlt jedenfalls Luft." Max setzt die Luftpumpe auf das Ventil und pumpt. Aber die Luft zischt direkt wieder heraus. „Das ist ein Platten!", sagt Felix.
Auch der Rest des Fahrrads sieht nicht gut aus: Die Schutzbleche sind total verbogen und die Klingel fehlt. „Ich brauche ein neues Fahrrad!", sagt Max.

Max' Mutter sagt: „Ein neues Fahrrad ist teuer. Aber vielleicht kriegen wir ja das alte von Felix wieder flott!" Mama zeigt Max, wie man das Vorderrad ausbaut. Dann holt sie den Schlauch aus dem Reifen. „Pump mal den Schlauch auf, Max!" Max pumpt, während seine Mutter einen Eimer Wasser holt.

„Wozu brauchen wir denn das Wasser?", fragt Max. „Willst du das Fahrrad etwa waschen?"

Max' Mutter lacht. „Gute Idee. Aber erst flicken wir den Reifen." Sie taucht den Schlauch unter Wasser. An einer Stelle blubbern Luftblasen aus dem Schlauch. „Da haben wir ja das Loch!"

Auf diese Stelle darf Max einen Fahrradflicken kleben. Sie bauen das Rad wieder ein, pumpen den Reifen auf und biegen die Schutzbleche zurecht.

„Kann ich jetzt losfahren?", fragt Max. Eigentlich fehlt dem Fahrrad nur noch eine Klingel. „Erst mal müssen wir dir den Sattel und den Lenker richtig einstellen", sagt seine Mutter. „Und du brauchst deinen Helm! Der passt noch."
Sie holt einen Schraubenschlüssel aus dem Werkzeugkasten und stellt den Sattel so tief ein, dass Max mit beiden Füßen auf den Boden kommt. „Genau wie beim Laufrad!", freut sich Max.

„Hallo, Max!" Papa kommt von der Arbeit nach Hause.
„Kannst du die gebrauchen?"
„Super gut!", ruft Max und schraubt die Klingel, die sein Vater ihm mitgebracht hat, sofort an den Lenker.

„Drei, zwei, eins, null – Rakete los!", ruft Max. Aber Mama sagt: „Stopp, Max! Fahrradfahren muss man üben, üben, üben. Wenn du es dann kannst, darfst du von mir aus Rakete spielen."
Während Max die Füße auf die Pedale stellt, hält Mama ihn an der Schulter fest. Sie schiebt ihn ein bisschen an und Max tritt in die Pedale. Er versucht das Gleichgewicht zu halten. Am Anfang wackelt das Fahrrad noch ganz schön. Aber Max übt und übt und übt. Kurz vor dem Abendessen kann er schon ein Stück alleine fahren. „Super!", ruft Mama.

Am nächsten Morgen will Max direkt wieder auf sein Fahrrad. „Na dann zeig mal, was du schon kannst", sagt Papa. Er schiebt Max beim Losfahren noch an und schon dreht Max seine erste Runde über den Hof.
„Kannst du auch bremsen?", ruft Papa. „Na klar!", sagt Max. Er stellt einfach die Füße auf den Boden. Genau wie beim Laufrad. Und das bringt Max auf eine Idee!
Zum Losfahren nimmt er auch genau wie beim Laufrad mit den Füßen Schwung. Erst dann stellt er die Füße auf die Pedale und trampelt weiter. Ganz ohne Papas Hilfe.
„Klasse!", sagt Papa.

Pauline staunt nicht schlecht, als sie auf den Hof kommt. „Hast du etwa über Nacht Fahrrad fahren gelernt?"
„Allerdings!", sagt Max. Nur zum Bremsen benutzt er noch immer seine Füße.
„Du hast doch einen Rücktritt!", sagt Pauline. Sie zeigt Max, wie sie bremst: Statt mit den Pedalen vorwärts zu trampeln, tritt sie die Pedale vorsichtig nach hinten – schon bremst das Rad. Bei Max' erstem Bremsversuch läuft Papa lieber wieder neben ihm her. Max merkt, wie stark die Rücktrittbremse ist. „Das muss ich üben, üben, üben", sagt er.

Als auch Felix auf den Hof kommt, will Max endlich eine Rakete sein.
Er klingelt mit der nagelneuen Klingel. Dann ruft er: „Achtung, klar zum Start!
Drei, zwei, eins, null – Rakete los!"
Max nimmt Schwung mit den Füßen, stellt einen Fuß auf die Pedale, rutscht ab
und landet plötzlich auf dem Boden. „Autsch!"
Felix läuft sofort zu ihm. „Bist du verletzt?"
„Nö!", sagt Max und steht wieder auf. Er hat sich nur erschrocken. Trotzdem ärgert
Max sich, weil er keine tolle Rakete war. „Ich bin am Anfang auch oft hingefallen",
tröstet ihn Felix. Pauline sagt: „Ich auch! Drei Hosen sind mir dabei kaputtgegangen."

Felix malt mit Straßenmalkreide eine große Acht auf den Hof. „Da können wir Kurven fahren üben", sagt er. „Quatsch!", sagt Pauline. „Das sind keine Kurven. Der erste Kreis ist der Mond, der zweite ist die Erde, und wir sind die Raketen, die drum herumfliegen!" Das findet Max eine super Idee! Er nimmt Schwung und kurvt immer schön um die Erde und den Mond herum. Mit jeder Runde wird Max sicherer. Und wenn er anhalten will, bremst er mit dem Rücktritt.

Am Sonntagmorgen will Papa joggen gehen. „Kann ich mitkommen?", fragt Max. Papa runzelt die Stirn. „Aber ich bin doch viel zu schnell!", sagt er. „Quatsch!", sagt Max. „Ich nehme natürlich mein Raketen-Fahrrad!" Das ist eine gute Idee, findet Papa. Er läuft und Max fährt auf seinem Fahrrad nebenher. An jeder Straße bremst Max. Dann gucken er und Papa nach den Autos: Erst links, dann rechts und dann wieder links – und nur wenn dann kein Auto kommt, überqueren sie die Straße.

Max kann jetzt schon richtig gut Fahrrad fahren. Am Wochenende macht die ganze Familie eine Fahrradtour. Mama hat eine gute Strecke ausgesucht. Es geht fast nur über Feldwege, auf denen keine Autos fahren. Aber plötzlich macht Felix schlapp. „Irgendwas stimmt nicht mit meinem Fahrrad!", sagt er.
„Oh nein, du hast einen Platten, Felix", sagt Papa. „Kein Problem", sagt Max.

„Mit Platten in deinen Fahrrädern kenn ich mich ja aus!"

Ich hab einen Freund, der ist
Feuerwehrmann

Ich hab einen Freund, der ist Feuerwehrmann. Er heißt Paul, wohnt bei uns im Haus und hat mich auf die Feuerwache eingeladen, um mir zu erklären, was er alles zu tun hat. Ein Feuerwehrmann führt mich in die große Wagenhalle. Hier warten die Feuerwehrwagen auf ihren Einsatz. »Hallo, Sven«, begrüßt mich Paul. »Schön, dass du kommst!«

In der Halle nebenan überprüfen gerade Kollegen von Paul die Ausrüstung eines Löschfahrzeugs. Das wird regelmäßig gemacht, damit es immer einsatzbereit ist. Paul erklärt mir genau, was in dem Wagen drin ist und wofür jedes Teil gebraucht wird.

1 Feuerwehraxt
2 B-Schlauch
3 Steckleiter
4 Einreißhaken
5 B-Füllschlauch
6 B-Stutzen, zum Füllen der Tanks
7 Fahrbare Schlauchhaspel
8 Schnellangriff
9 Verkehrsleitkegel
10 B-Schlauch mit Verteiler
11 Generator
12 Motorpumpen-Aggregat
13 Saugschläuche
14 Standrohr
15 Strahlrohr Mach 3
16 Kettensäge
17 Strahlrohre C
18 Trennschleifer
19 Kombispreizer
20 Druckluftbehälter
21 Rollgleiter
22 Atemschutzgeräte
23 Benzinkanister
24 Blaulicht
25 Martinshorn

Ich darf auch in den Mannschaftsraum des Feuerwehrwagens klettern. Hier sitzen die Feuerwehrmänner während der Fahrt zum Einsatzort. Paul erklärt, dass bei einigen Sitzen hinter den Rückenlehnen Atemschutzgeräte angebracht sind. Man braucht nur einen Riegel zu öffnen, dann klappt die Rückenlehne automatisch nach oben. Der Feuerwehrmann legt die Riemen über die Schultern und hat das Atemschutzgerät schon auf dem Rücken, wenn er aussteigt. Das ist wichtig, wenn alles sehr schnell gehen muss.

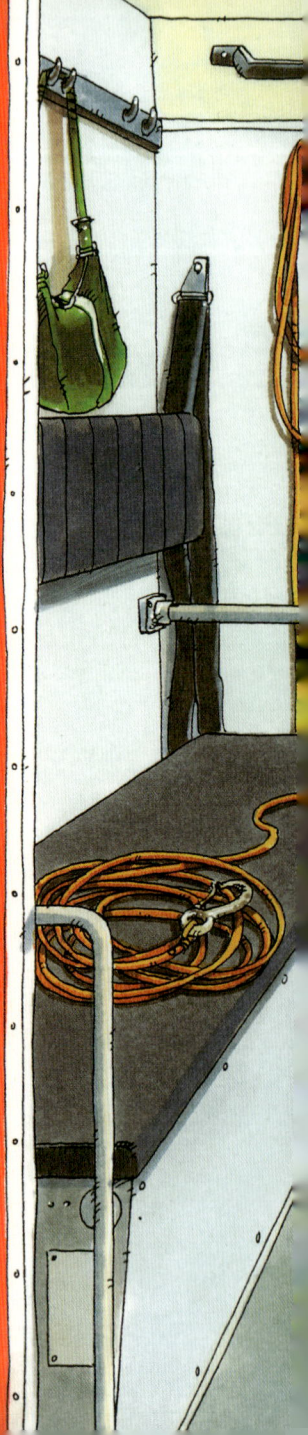

Dann besuchen wir die neue Feuerwehrleitstelle. Alles wird hier von einem großen Computer gesteuert, erklärt Paul. Und den ganzen Tag und die ganze Nacht sind Feuerwehrleute bei der Arbeit. Alle Anrufe unter der Notrufnummer 112 kommen hier an. Auf einem Bildschirm kann der Feuerwehrmann die Telefonnummer und den genauen Standort des Anrufers sehen.

Gleichzeitig wird auf einem weiteren Bildschirm ein Ausschnitt des Stadtplans gezeigt: Von dort kommt der Anruf. Die Art des Einsatzes wird in den Computer eingegeben. Der Rechner schlägt dann die benötigten Fahrzeuge vor. Er weiß auch genau, wo welche Wagen in Bereitschaft stehen und welche gerade im Einsatz sind.
Gerade klingelt das Telefon. Es brennt in einer Lagerhalle ganz in der Nähe. Das ist ein Einsatz für Paul!

Paul rennt in den Mannschaftsraum. »Tut mir Leid, ich muss weg!«, ruft er mir noch zu. Ein Kollege von Paul hatte sich auf einer Liege ausgeruht. Jetzt springt er auf und schlüpft in Hose und Stiefel. Damit das schnell geht, werden die Hosen über die Stiefel gekrempelt, bevor sie ausgezogen werden. Jetzt muss der Feuerwehrmann nur noch in die Stiefel schlüpfen und die Hose hochziehen. Dann geht es an einer Rutschstange runter in die Halle zu den Fahrzeugen. Rutschen geht schneller als Treppensteigen und außerdem kann man dabei nicht stolpern.

Am Einsatzort werden sofort die Schläuche ausgerollt und mit dem Standrohr an einen Hydranten angeschlossen. Das sind Wasseranschlüsse in der Erde, die für die Feuerwehr installiert wurden. »Wasser marsch!«, geht das Kommando. Alle Einsatzkräfte tragen Schutzkleidung. Die schützt vor der enormen Hitze und den Flammen. Paul bereitet sich darauf vor, mit einem anderen Feuerwehrmann in das Gebäude zu gehen. Dazu legen beide Atemschutzgeräte an. Von einer Drehleiter aus wird das Feuer von oben bekämpft. So eine Leiter lässt sich bis auf eine Höhe von 23 Metern ausfahren.

Im Gebäude ist es fürchterlich heiß und alles ist voll giftigem Rauch. Deswegen tragen die beiden Atemschutzgeräte. Wenn Feuerwehrleute gegen einen Brandherd vorrücken, tun sie das in der Hocke. Unten am Boden ist es nicht so heiß. Außerdem kann es immer passieren, dass sich die heißen Gase entzünden. Das nennt man »Flashover«. Davor haben Paul und seine Kollegen am meisten Angst. Das ist dann wie eine Explosion. Mit dem Wasserstrahl wird jetzt das Feuer bekämpft.

Ein Arbeiter hat giftigen Rauch eingeatmet. Er wird von Rettungssanitätern auf eine Trage gelegt. Ein Rettungswagen bringt ihn sofort ins nächste Krankenhaus. Im Wagen ist alles, was man braucht, um einen Verletzten während der Fahrt zu versorgen.
Schließlich wird der Befehl »Wasser halt!« gegeben. Alle Schläuche müssen eingerollt und alle Anschlüsse wieder im Wagen verstaut werden.
Später werden die Schläuche zum Trocknen in speziellen Schlauchtürmen aufgehängt, bevor sie wieder aufgerollt und für den nächsten Einsatz vorbereitet werden.
Jetzt weiß ich endlich, warum viele Feuerwachen einen Turm an der Fahrzeughalle haben.

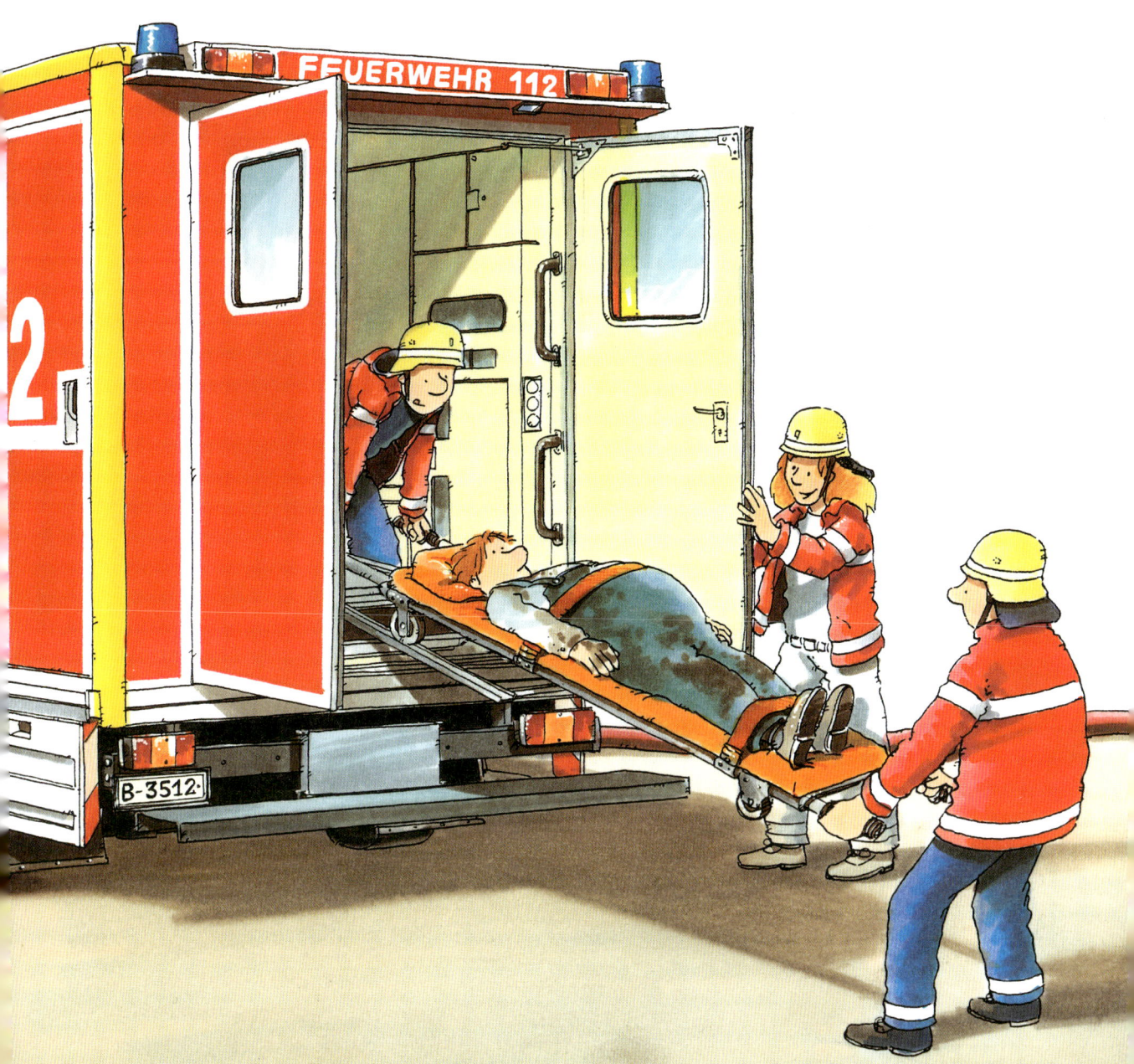

Die Feuerwehr rückt aber nicht nur aus, wenn es brennt. Auch zu Verkehrsunfällen wird sie gerufen. Hier ist ein Auto in einer Kurve ins Schleudern gekommen und gegen einen Baum geprallt. Weil die Tür des Autos klemmt, müssen Paul und seine Kollegen sie mit einem hydraulischen Spreizer aufbrechen. Damit kriegt man fast alles auf, hat Paul mir erklärt. Ein Rettungswagen hat eine Notärztin gebracht, die den Verletzten versorgt. Mit einem speziellen Pulver werden das ausgelaufene Benzin und das Öl gebunden. Und den abgebrochenen Ast des Baums müssen die Feuerwehrleute auch noch absägen.

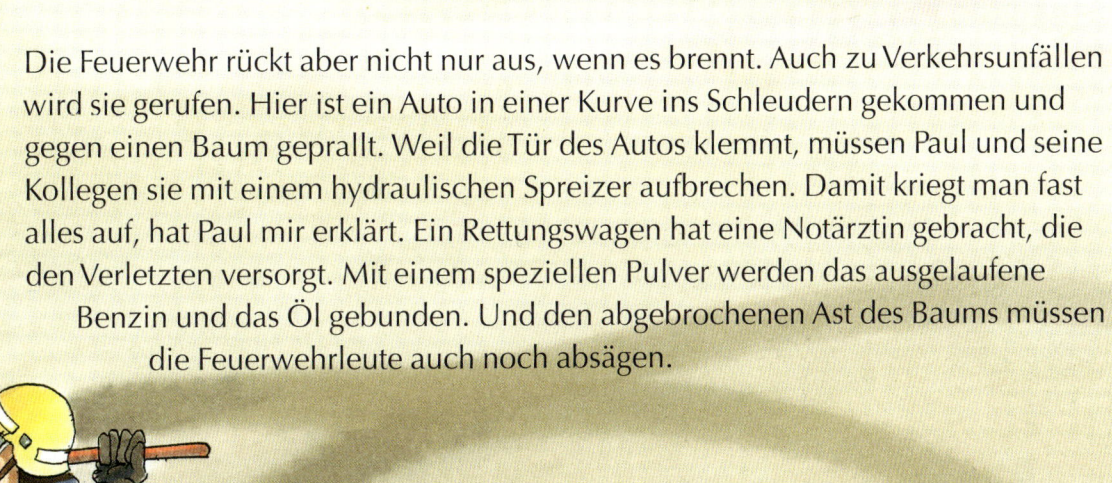

Ein paar Tage später gibt es in einem Haus in unserer Straße einen Rohrbruch. Der Keller ist voll Wasser gelaufen. Die Feuerwehr wird gerufen, um ihn leer zu pumpen. »Hallo, Paul!«, rufe ich. Gespannt schaue ich zu, wie eine Motorpumpe ausgeladen wird. An dieser werden Schläuche angeschlossen, durch die das Wasser aus dem Keller direkt in den nächsten Gully gepumpt wird.

Nach einer Weile können die Klempner in den Keller gehen und das kaputte Rohr austauschen. »Tschüs! Bis zum nächsten Einsatz!«, rufe ich Paul noch zu, als er mit seinen Kollegen wieder abrückt.

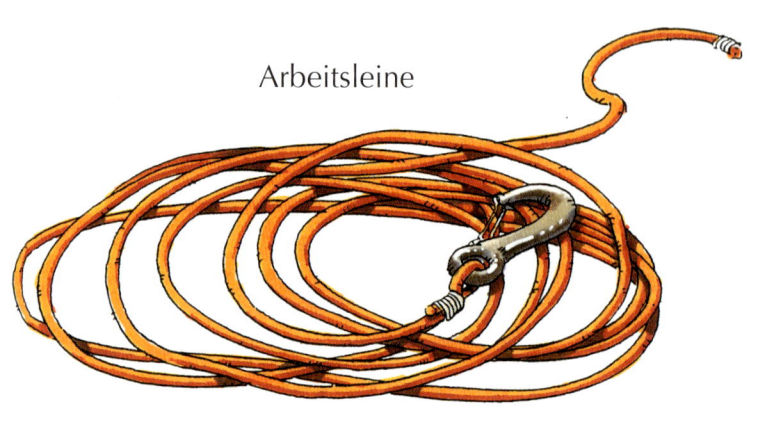
Arbeitsleine

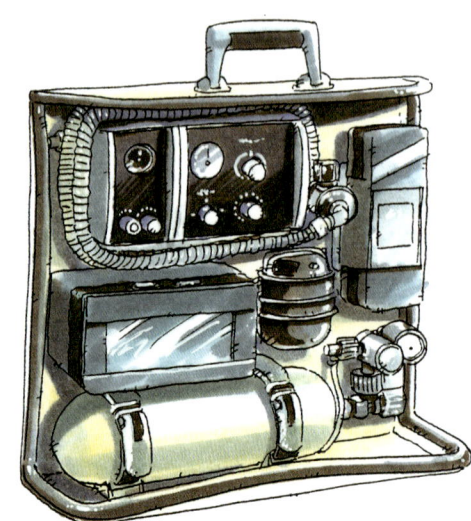
Beatmungsgerät

Verkehrsleitkegel

Diese Geräte brauchen wir bei der Arbeit. Kennst du sie alle?

Bevor ich schlafen gehe, stelle ich mir meine Schuhe und meine Hose so vor das Bett, wie es richtige Feuerwehrleute tun. Wenn Mama und Papa mal wieder verschlafen, bin ich ganz schnell angezogen. Außerdem muss ich das üben, denn ich will später auch mal Feuerwehrmann werden!

9

Mama hat Jule zum Schwimmkurs angemeldet. „Nächste Woche geht's los", sagt sie. Jule strahlt. Super! Dann muss sie nicht mehr mit den Kleinen im Planschbecken baden, sondern darf endlich ins große Becken. Wie ihr Bruder Ben. Der kann schon schwimmen und sogar Kopfsprung machen.
„Im Schwimmkurs muss man aber vom allerhöchsten Sprungbrett springen", ruft Ben. „Das traust du dich nie!"
„Das stimmt doch gar nicht, Ben", schimpft Mama. „Mach ihr keine Angst!"
„Genau!", sagt Jule. Aber wenn sie an den hohen Sprungturm im Schwimmbad denkt, wird ihr doch mulmig. „Kommt Lotta auch mit?", möchte sie fragen. Aber da fällt Jule ein, dass ihre Freundin ja schon schwimmen kann.

Oje. Bestimmt sind im Schwimmkurs nur fremde Kinder. Jule schluckt. Eigentlich ist es im Planschbecken doch gar nicht so übel, denkt sie.

Am nächsten Tag geht Mama mit Jule einkaufen. Sie soll Badelatschen und einen neuen Badeanzug bekommen. „Wie gefällt dir der rote?", fragt Mama. „Oder der bunt gestreifte?" Jule zuckt mit den Schultern: „Ist mir egal."
„Na so was", wundert sich Mama. „Du hast dich doch so auf den Schwimmkurs gefreut."
„Jetzt aber nicht mehr", sagt Jule. „Eigentlich möchte ich überhaupt nicht schwimmen lernen. Und ich kenne die anderen Kinder doch gar nicht."
Mama streicht Jule über den Kopf.

„Die anderen Kinder sind bestimmt auch aufgeregt. Und wenn du sie erst mal kennenlernst, vergeht die Angst sicher wie von selbst."
Jule nickt zögernd. Da entdeckt sie einen Badeanzug mit einem lustigen Drachen vorne drauf: „Guck mal, der sieht ja aus wie mein Kuscheldrache!"
„Stimmt", sagt Mama. „Der Badeanzug macht bestimmt drachenstark. Den kaufen wir!"

Heute ist es so weit: Mama bringt Jule zum Schwimmbad. In der Halle stehen schon einige Kinder und Eltern. Eine junge Frau kommt auf die Gruppe zu. „Hallo, ich bin Nina", sagt sie. „Ich bin eure Schwimmlehrerin."

Die sieht eigentlich ganz nett aus, findet Jule. Und dann entdeckt sie einen Jungen, den sie aus dem Kindergarten kennt. „Hallo Jan", ruft sie ihm zu und er winkt fröhlich zurück.

„Los geht's", sagt Nina. „Eure Eltern können euch in einer Stunde wieder abholen."
Mama sagt, dass sie in der Halle auf Jule warten wird. „Du kannst Nina jederzeit sagen, wenn du eine Pause machen möchtest. Und dein Drache passt gut auf dich auf."
Jule kann nur noch schnell nicken, da zieht Jan sie schon am Ärmel hinter sich her.
Nina hilft den Kindern beim Umziehen. Sie findet Jules Badeanzug auch drachenstark. „So, kurz duschen und dann ab ins Wasser", ruft die Schwimmlehrerin.

Jules Herz macht einen kleinen Hüpfer. Jetzt freut sie sich doch ein bisschen.

Im Schwimmbecken stellen sich alle Kinder im Kreis auf. Sie hüpfen, machen Hampelmann und drehen sich auf der Stelle. Sie tauchen das Gesicht halb ein und atmen spritzend unter Wasser aus. Jule prustet:
„Ich bin ein Wasser spuckender Drache!"
Jan schnaubt zurück: „Und ich bin ein riesiger Wal!"
Schon ist die erste Schwimmstunde zu Ende.
„Das war super!", sagt Jule zu Mama, als sie nach Hause gehen.

In den nächsten Stunden üben die Kinder mit Schwimmbrettern und Schwimmnudeln.

Sie gleiten durchs Wasser, paddeln mit den Füßen und machen lustige Froschbewegungen.

Heute lernen sie Tauchen.
Zum Schluss kann Jule
schon einen Ring vom
Boden fischen.

„Nächstes Mal üben wir Springen",
sagt Nina beim Abschied.
„Juhu!", schreit Jan.
Jule schaut besorgt zum Sprungturm.
Puh, ist der hoch! Ihr Herz klopft wie wild.
Aber diesmal nicht vor Freude.

Auf dem Heimweg ist Jule
ganz still. „Bist du müde,
mein kleiner Wasserdrache?",
lacht Mama.
„Hmm", macht Jule nur und
trottet langsam hinterher.

Am Abend kann Jule nicht einschlafen. Sie muss immer an den Sprungturm denken. Ihr Herz klopft wieder wie wild. Auf einmal bekommt sie ein flaues Gefühl im Bauch.

„Mamaaa", ruft Jule.
Da kommt Mama schon ins Zimmer und fragt:
„Hast du schlecht geträumt?"
„Nein, ich habe Bauchweh", jammert Jule. „Ich glaube, ich kann morgen nicht zum Schwimmkurs gehen."

„Mein armer Wasserdrache", sagt
Mama. „Ich mache dir erst mal
eine Wärmflasche und morgen
sehen wir weiter."
Jule nickt. Ihr Herzklopfen beruhigt
sich und schließlich schläft sie doch ein.

Am nächsten Morgen hat Jule den Schwimmkurs ganz vergessen. Als sie beim Frühstück herzhaft in ihr Honigbrot beißt, sagt Mama: „Prima, du hast wieder Appetit. Dann kannst du doch zum Schwimmkurs gehen."
„Äääh, eigentlich habe ich aber noch Bauchweh", druckst Jule herum.
Mama schaut sie ernst an: „Ist das vielleicht ein besonderes Schwimm-Bauchweh?"
„Eher Spring-Bauchweh", sagt Jule leise. Und dann erzählt sie Mama, dass sie heute ins Schwimmbecken springen sollen. „Sicher von ganz oben!", seufzt sie.

Mama beruhigt Jule: „Bestimmt springt ihr erst mal vom Beckenrand. Und wenn du das auch nicht möchtest, ist das in Ordnung. Dann sagen wir Nina das."
„Aber ich will kein Angsthase sein", sagt Jule. „Dann lachen die anderen Kinder mich aus."
„Jeder hat mal Angst", antwortet Mama. „Und das ist gar nicht schlimm. Es kann uns sogar davor schützen, etwas Gefährliches zu tun. Aber manchmal muss man seine Angst auch überwinden, damit man etwas Schönes nicht verpasst. Vielleicht macht es doch Spaß, ins Wasser zu hüpfen. Es muss ja nicht von ganz oben sein. Was meinst du?"
Jule überlegt einen Moment. „Vom Beckenrand könnte ich mich vielleicht trauen. Aber nur, wenn Nina dabei ist."

Im Schwimmbad wird es Jule doch wieder etwas mulmig. Jan will gleich zum Sprungturm rennen, aber Nina ruft: „Stopp! Kommt erst mal alle zum Beckenrand und setzt euch."

Jule atmet erleichtert auf. Zuerst sollen die Kinder aus dem Sitzen ins Wasser hüpfen, dann aus der Hocke und schließlich aus dem Stehen. Das macht so viel Spaß, dass Jule ihre Angst schnell vergisst.

„Wer möchte mal vom 1-Meter-Brett springen?", fragt Nina nach einer Weile.
Jan ruft sofort: „Iiiiiich!"
Jules Herz fängt an zu pochen. Sie schaut verlegen zum Boden. Aber dann sagt sie laut: „Ich möchte nicht. Das ist mir noch zu hoch."
Ein anderer Junge sagt: „Ich will auch nicht." Und kein Kind lacht sie aus.
Alle Kinder dürfen noch ein bisschen springen.
Vom Beckenrand, vom Startblock und vom 1-Meter-Brett.
Zum Schluss traut sich Jule sogar, aus dem Stehen
ins tiefe Wasser zu springen.

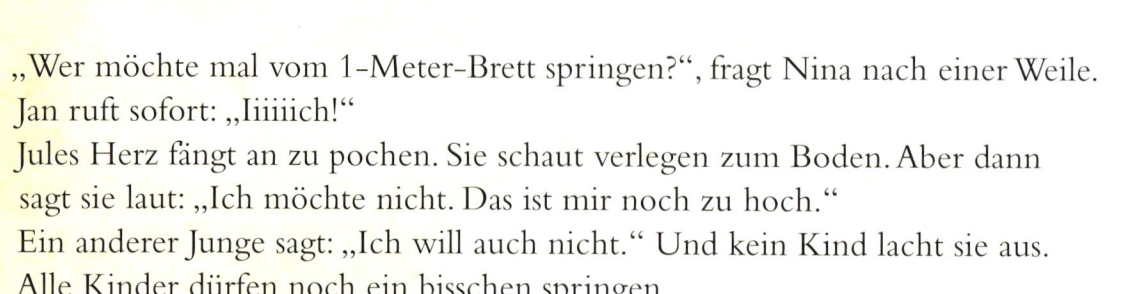

„Das war mutig zu sagen, dass du nicht vom Sprungbrett springen möchtest", sagt Mama auf dem Heimweg. „Es gehört nämlich auch Mut dazu, anderen zu sagen, wenn man vor etwas Angst hat."
Jule überlegt kurz. „Stimmt!", sagt sie.
„Und weißt du, was ich auch toll fand?", fragt Mama. „Dass du deine Angst überwunden hast und über deinen Schatten gesprungen bist. Oder besser gesagt, über den Beckenrand."
Jule muss kichern. „Ben wird staunen, was ich mich alles traue!", sagt sie und ist sehr stolz darauf, was sie heute geschafft hat.

Liebe Eltern,

Angst zu haben, ist ganz normal. Angst kann uns davor bewahren, etwas Gefährliches zu tun. Manchmal muss man seine Angst aber auch überwinden und sich etwas trauen.

Wichtig ist, dass Kinder ihre Ängste (er)kennen und wissen, was sie dagegen tun können. Kinder im Alter von Jule müssen erst lernen, ihre Gefühle wahrzunehmen, auszudrücken und Wege zu finden, um Ängste loszuwerden.

Nehmen Sie die Gefühlsäußerungen Ihres Kindes wahr und ernst. So können Sie Ihrem Kind helfen, seine Gefühle zu entdecken und zu begreifen – und es damit stark fürs Leben machen.

Stärke definiert sich nicht über körperliche Kraft, sondern ergibt sich aus Vernunft, Klugheit und Selbstvertrauen.

Starke Kinder kennen ihre Fähigkeiten und akzeptieren ihre Schwächen.

Starke Kinder nehmen Herausforderungen an, erkennen aber auch, wo ihre Grenzen liegen.

Starke Kinder werden behütet, aber nicht überbehütet.

Die Geschichte von Jule erzählt von einer Herausforderung und wie sie diese meistert. Sie zeigt, dass Angst verschwinden kann, wenn man über den eigenen Schatten springt. Jule merkt, dass sie viel mehr kann, als sie sich zugetraut hat.

Bilderbücher sind eine gute Möglichkeit, um mit Kindern ins Gespräch zu kommen. Vielleicht erkennt Ihr Kind sich in der Geschichte von Jule wieder und wird dazu angeregt, von ähnlichen Erlebnissen und Gefühlen zu erzählen …

Viel Spaß beim gemeinsamen Lesen und miteinander Sprechen!

10

Janko, das kleine Hengstfohlen, kommt im Frühling zur Welt.
Elf Monate ist Janko im warmen Bauch der Mutter herangewachsen.
Nun liegt er nass und erschöpft auf dem Boden, am Rande einer blühenden Wiese.
Die Pferdemutter leckt ihr Kind so lange, bis sein Fell trocken ist.
Sie nimmt so den Geruch des Kleinen auf und kann ihn dann später immer wiedererkennen.

Das kleine Fohlen versucht sich aufzurichten. Es ist aber gar nicht so einfach, sich auf vier Beine zu stellen. Immer wieder knickt ein Bein ein und es fällt um. Wie ist das anstrengend!
Endlich steht Janko leicht schwankend vor der Mutter. Er findet schnell das Euter und trinkt mit großen Schlucken die Milch. Mindestens ein halbes Jahr, meist noch länger, wird ein Fohlen von der Mutter gesäugt.
Alle Pferde, die zur Familiengruppe gehören, schauen sich neugierig den Familienzuwachs an.

Das kleine Hengstfohlen beobachtet die Mutter beim Grasen. Ruhig rupft die Stute Grasbüschel um Grasbüschel. Das will das kleine Fohlen auch probieren. Aber es ist gar nicht so einfach, mit dem Maul bis zum Boden zu gelangen, wenn man so lange Beine hat. Milch trinken bei der Mutter ist da doch leichter. Danach will Janko schmusen. Sein aufforderndes Stupsen bringt die Mutter dazu, ihm liebevoll über das Köpfchen zu lecken. Dann ist aber Mutters Schweif viel interessanter. Kräftig beißt Janko hinein und zieht an den Haaren. Die Pferdemutter ist geduldig. Schließlich lässt das Fohlen von ihr ab und beginnt im Kreis um sie herum zu traben. Was für ein Spaß!

Jetzt fordert das Pferdekind die Mutter zum Spielen auf.
Dabei legt es sein Vorderbein auf ihren Nacken und schubst sie
ungeduldig. Die Stute dreht ihre Ohren seitlich und das bedeutet:
»Wir spielen.«
Übermütig galoppieren die beiden über die Wiese. Ein paar
von den anderen Pferden schauen ihnen hinterher. Das dumpfe
Dröhnen der trampelnden Pferdehufe ist nicht zu überhören.

Das Fohlen weiß, dass es sehr viel fressen muss, um genügend Nährstoffe aufzunehmen und zu wachsen. Schon in der Morgendämmerung beginnen die ersten Tiere der Gruppe zu grasen. Das geht den ganzen Tag so, bis in die Nacht hinein. Am liebsten frisst Janko Gras, aber auch Kräuter werden nicht verschmäht. Wenn die Weide abgegrast ist, zieht die Gruppe ein Stück weiter.

Zwischendurch gibt es Ruhepausen, die die Pferde am liebsten auf einem Hügel verbringen. So haben sie den Überblick über die Gegend und können Gefahren schneller ausmachen.

Die Pferdemutter ruht tagsüber im Stehen. Das Fohlen und all die anderen Kleinen schlafen lang ausgestreckt auf der Wiese. Vom Spielen und Herumjagen sind sie ziemlich müde.

Die Ruhepause ist vorbei. Die Stuten fordern sich gegenseitig zur Fellpflege und zum Kraulen auf. Sie stecken ihre Köpfe zusammen und reiben sich die langen Hälse. Mit den Zähnen knabbern sie wechselseitig am Hals entlang und in den Mähnen. Währenddessen wälzt sich das Hengstfohlen übermütig auf dem Rücken hin und her. Plötzlich steht eine Stute aus einer anderen Familie vor Janko. Sie beschnuppert ihn, lockt das Fohlen und will sich mit ihm davonmachen. Als die Pferdemutter das bemerkt, kommt sie heran und warnt die fremde Stute mit nach hinten gelegten Ohren.
Das bedeutet: »Pass bloß auf!«
Janko trabt zu seiner Mutter und die andere Stute zieht allein ab.

Jetzt fordert die Leitstute die Familienmitglieder mit leisem Wiehern auf, gemeinsam zur Wasserstelle zu laufen. Janko spielt gerade mit einem anderen Pferdekind und denkt nicht daran, sich der Gruppe anzuschließen. Da muss die Mutter ihn erst kräftig in die Seite knuffen, bis er gehorcht und mitgeht.

Auf dem Weg zur Wasserstelle kommen die Pferde an einer Gruppe alter Stuten vorbei. Sie stehen gern zusammen im Schatten der Bäume und ruhen sich aus. Mit ihren kräftig schlagenden Schweifen vertreiben sie sich gegenseitig die Fliegen.
Eine junge Stute mit einem Fohlen grast in ihrer Nähe. Sie will auch zur Wasserstelle gehen und zieht die alten Pferde mit. In einer Reihe, dicht hintereinander, folgen sie den anderen.

Janko ist zu einem kräftigen jungen Hengst herangewachsen. Er befindet sich jetzt im Flegelalter. Temperamentvoll und mit schwungvollem Trab läuft er über die Wiese. Zusammen mit zwei anderen aus der Junghengstgruppe will er einen kleinen Wettlauf veranstalten.

In zügigem Galopp rennen die drei durch einen feuchten Graben. Die Dreckklumpen wirbeln nur so durch die Luft. Das macht Spaß! Nach dem Toben kommen die Wildlinge völlig verschmutzt aus dem Graben heraus. Von dem glänzenden Fell ist nicht mehr viel zu sehen.

Mit den anderen Junghengsten misst der kleine Hengst auch seine Kräfte. Er drängt sich dicht an seinen Mitspieler heran. Dann steigen beide auf ihren Hinterbeinen hoch und fletschen die Zähne mit weit zurückgelegter Oberlippe. Manchmal wird auch noch gebissen und mit den Hufen ausgeschlagen. Der kleine Hengst ist diesmal der Stärkere. Der Unterlegene wiehert zaghaft und trabt davon.

Zum Winter bekommt Janko ein zotteliges Winterfell. Die Haare wachsen bis auf zehn Zentimeter Länge heran und schützen ihn so vor grimmiger Kälte. Bei solcher Witterung sucht die Herde Schutz im Wald. Im Dickicht sind die Tiere kaum zu sehen und vor dem eisigen Wind geschützt.

Der kleine Hengst scharrt mit seinen Hufen den Schnee zur Seite und frisst das trockene Gras und auch ein wenig Moos. Er ist gesund und widerstandsfähig und kann so auch Frost und Eis trotzen. Und im nächsten Sommer wird er als großes Wildpferd gemeinsam mit seiner Familie über die Wiesen galoppieren.

Wissenswertes über Wildpferde

In Europa gibt es kaum noch wild lebende Pferdeherden. Die bekanntesten sind die Camargue-Pferde in Frankreich, eine Herde tarpanähnlicher Wildpferde in Polen und in Deutschland die Pferde im Merfelder Bruch in der Nähe von Dülmen. Dort lebt auch Janko.

Diese Herde hat mehr als 300 Tiere. Sie leben auf einem ca. 350 ha großen Privatgelände des Herzogs von Croy unter natürlichen Lebensbedingungen: Sie werden nicht gefüttert und haben keinen Stall, wo sie Unterschlupf finden könnten. Sie stammen von einer Herde Wildpferde der Region ab, die sich mit verwilderten Hauspferden vermischt hat. Der Lebensraum im Merfelder Bruch ist begrenzt. Die Herde darf nicht größer werden. Einmal im Jahr veranstaltet der Herzog von Croy deshalb eine Auktion, auf der die einjährigen Hengste aus der Herde herausgefangen und verkauft werden.

Wir kennen Pferde meist als Reitpferde, die überwiegend im Stall stehen und regelmäßig geritten werden. Dabei leben Pferde, wenn sie nicht gezähmt und an den Menschen gewöhnt werden, ganz anders. Sie befinden sich in einem Familienverband mit dem Leithengst, der Leitstute und einigen anderen Stuten, deren Fohlen und älteren Kindern. Zu einem solchen Verband können 20 oder noch mehr Pferde gehören.

Mehrere Familienverbände leben in relativer Nähe zueinander, denn ihr Revier grenzen wilde Pferde nicht sehr scharf ab, wenn die Gegend genügend Nahrung bietet.

Pferde pflegen Freundschaften untereinander. Neben den Familien gibt es noch die Junggesellengruppe, die überwiegend aus Junghengsten, die noch keine eigene Stute gefunden haben, besteht.

Die **LESEMAUS** ist eine eingetragene Marke des Carlsen Verlags.

Sonderausgabe im Sammelband
© Carlsen Verlag GmbH, Völckersstraße 14–20, 22765 Hamburg 2016
ISBN: 978-3-551-08972-4
Umschlagillustration: Dorothea Tust
Illustrationen Vorsatzpapier: Karin Kröll
Lesemaus-Redaktion: Anja Kunle
Lithografie: Zieneke PrePrint, Hamburg
Druck und Bindung: Livonia Print, Riga
Printed in Latvia

Finn, der junge Delfin
© Carlsen Verlag GmbH, Hamburg 2012

Ein Tag auf der Ritterburg
© Carlsen Verlag GmbH, Hamburg 2008

Wir machen Sport
© Carlsen Verlag GmbH, Hamburg 2013

Große Fahrzeuge auf dem Bauernhof
© Carlsen Verlag GmbH, Hamburg 2006

Conni und ihr Lieblingspony
© Carlsen Verlag GmbH, Hamburg 2013

Die Jahreszeiten
© Carlsen Verlag GmbH, Hamburg 2011

Max lernt Rad fahren
© Carlsen Verlag GmbH, Hamburg 2011

Ich hab einen Freund, der ist Feuerwehrmann
© Carlsen Verlag GmbH, Hamburg 2002

Jule traut sich
© Carlsen Verlag GmbH, Hamburg 2013

Janko, das kleine Wildpferd
© Carlsen Verlag GmbH, Hamburg 2002

FSC
www.fsc.org
MIX
Papier aus ver-
antwortungsvollen
Quellen
FSC® C002795

Lesemaus-Bücher gibt es überall im Buchhandel und auf www.carlsen.de
Newsletter mit tollen Lesetipps kostenlos per E-Mail: www.carlsen.de

Liebe Eltern,

Lesen ist wichtig für die erfolgreiche Entwicklung Ihres Kindes. Lernen und Verstehen, Einkaufen oder Surfen im Internet – nichts geht ohne Lesen.

Der erste Weg zum Lesen führt über das gemeinsame Anschauen und Vorlesen von Bilderbüchern. **Vorlesen ist die beste Leseförderung für Ihr Kind**, denn

- Vorlesen fördert die Nähe zu Ihrem Kind.
- Vorlesen schult die sprachliche Entwicklung Ihres Kindes.
- Vorlesen weckt in Ihrem Kind die Freude am Lesen.

Lesen Sie Ihrem Kind vor!
Ideal sind täglich 15–20 Minuten gemeinsame Vorlesezeit an einem gemütlichen Ort. Wichtig ist außerdem, dass Kinder die richtigen Bücher im richtigen Alter erhalten.
Die Reihe **LESEMAUS** bietet viele spannende Bilderbuchgeschichten, insbesondere für Kinder im Vorlesealter.

Ihnen und Ihrem Kind viel Spaß beim Vorlesen!

Prof. Dr. Dagmar Bergs-Winkels
HAW Hamburg, Fakultät Wirtschaft und Soziales
Studiengang Bildung und Erziehung in der Kindheit